Pablo Ayala-Hernández

POESÍA Y MIS LETRAS

Pablo Ayala-Hernández

POESÍA Y MIS LETRAS

Poemas en mi corazón

JustFiction Edition

Imprint
Any brand names and product names mentioned in this book are subject to trademark, brand or patent protection and are trademarks or registered trademarks of their respective holders. The use of brand names, product names, common names, trade names, product descriptions etc. even without a particular marking in this work is in no way to be construed to mean that such names may be regarded as unrestricted in respect of trademark and brand protection legislation and could thus be used by anyone.

Cover image: www.ingimage.com

Publisher:
JustFiction! Edition
is a trademark of
Dodo Books Indian Ocean Ltd. and OmniScriptum S.R.L publishing group

120 High Road, East Finchley, London, N2 9ED, United Kingdom
Str. Armeneasca 28/1, office 1, Chisinau MD-2012, Republic of Moldova, Europe
Printed at: see last page
ISBN: 978-620-3-57897-3

POESÍA Y MIS LETRAS

Poemas en mi corazón

Pablo Ayala Hernández

Prólogo

Les comparto la sensación al alma de una serie de poemas escritos con el corazón del actor.

Principalmente se habla de amor más que un principio intelectual que enriquecerán la emoción del lector amante a la poesía.

Todo aquel lector va a disfrutar la aventura de poemas escritos con el corazón, desde románticos hasta los más tristes.

El objetivo de este libro es el enriquecimiento a la lectura hasta un espacio dedicado a ideas de la vida del escritor.

Disfruten de esta obra.

Pablo

Contenido

Sueño triste

Estoy triste,

me pierdo entre tu perfume,

te extraño como un holograma en mi alcoba,

me siento lluvioso,

perdido en ninguna parte de tu universo.

Vacío sin destino,

sin dimensiones al pensar en ti,

con sombras en mi realidad,

como si me hubieran ido quitando tu amor a pinceladas.

Estoy fuera de mi contorno,

saliéndome de mi realidad sin ver nada,

bajando hasta tu pasado a no ver nada,

hasta tus caricias

estoy sin ti.

Para encontrarme debería besarte,

abrazarte,

embriagarme contigo,

y quedarme contigo todas mis noches.

Pero para encontrarte necesito verte,

sentir tu piel,

sentir tus labios,

tu reino.

Aceptar que tu ausencia también es un golpe además de una falta de caricias,

quemaduras en mi piel,

cerrojos mudos también en mi corazón

y no solo lágrimas.

Aceptar también que nos equivocamos

y a veces nos toca pagarlo.

Hoy es ese día que te extraño mucho

estoy en el cielo sin saber que pasó,

no arranca mi motor de las ilusiones por ti,

se me han apagado los sueños,

estoy sin ti,

la incertidumbre me está echando a un laberinto sin salida.

Traigo dentro de mi todos tus recuerdos de tu vida,

porque nunca supe multiplicar tus deseos,

las tristezas me vienen

cuando el corazón se pone a llorar a pie de mi prosa por ti.

Estoy sin mí y nada puede ser más triste,

ni siquiera en este poema,

tu partida no trae alegría hasta el cuerpo

nunca va a hacerlo.

Me conformaré con que te hable en mis noches

y te recuerde algo de mí.

Quizá así te recuerde,

ese olor a tu perfume,

y aprender de tu partida,

de tus besos,

no me veas tan triste.

Tengo dentro un sueño triste,

a un ser que no olvida tu rostro,

y tus abrazos.

El dolor de esos años también se pasa

y sé que no va a durar por siempre,

pero esta noche te recuerdo en mi mente

muero al afeitar mi corazón

con su armadura de otoño,

no puedo hacer más que teclear

una a una las letras de tu ausencia…

Tu perfume

Nunca sientas por perdido mi corazón por ti
pues nunca mi amor parecerá por tus besos,
a mis sueños lo llenas de pasión
y nunca perecen en tus brazos
que no se va haciendo débiles en mi cuerpo
pues que todo lo hermoso es sólo un breve momento
pues eres maravillosa…

Oh, nunca des el corazón roto,
a pesar de que tus labios están muy lejos
tan suaves que puedan decir mil aromas
tu corazón al juego de mis caricias,

¿Y quién podrá ser
sordo, mudo y ciego por tu amor?
Qué has hecho en mi corazón,
pues todos los días siento tu piel en mis labios,

"¡Yo te amo!
Sin embargo, soy tristeza cuando estás ausente,
en un cielo ardiente,
donde mis lunas pueden alegrarse al verte,

Quiero oler nuevamente tu perfume

que me enloquece en cada sollozo por ti…

Remotos besos

Remotos besos…

tan tibios y frescos

que se pierden entre el viento

sobre mi rostro,

que sus voces entran en pánico

y sus lágrimas tienen sudor a tristeza,

se confunden en un te amo…

en la cresta de un océano lejano

enamorado de otra isla que sube y baja

y se mezcla con la arena del olvido,

desaparecen al momento de recordar tus besos

eso somos tú y yo

dos gotas de agua perdidas en un barco,

donde en algún cielo no va a volver a llover

y nada quedará de aquellos remotos besos…

Un amor triste

Un amor triste que te absorbe,

te mata,

te utiliza,

te miente,

te hace pedazos.

Un amor triste es una ilusión utópica

que te obliga a amar,

te deriva al fracaso,

te integra a la soledad

y hace lo que no quieres.

Un amor triste que fallece,

te hace sentir desamor

por un sendero obscuro,

te hace olvidar

de tu alma,

de tu rostro,

de los sueños prohibidos.

Un amor triste te hace cerrar tu corazón

para no amar,

para no pensar,

para no besar,

para no sentir

el amor por alguien.

Un amor triste en tu alma,

te hace odiar,

llorar,

a fabricar sueños obscuros,

amarrar el tiempo sin amor

y dejar un corazón herido…

Un amor difícil

Asi es,

en mi soledad,

sentir un corazón difícil

intacto a tus besos,

con noches de insomnio obscuro

de vientos callados en mi rostro,

es difícil encontrar ese amor

que carcome mi alma

con imágenes del pasado

donde hay dolor por tu ausencia,

quiero quedarme

pero ese mar herido que quema eternamente

al no sentir tu respiración entre mis sábanas,

pero no puedo, eres un amor difícil

haces que te quiera sin razón eternamente…

Lluvia

La lluvia me moja,

se mezcla con mis lágrimas entre mi rostro

con el rocío

del jardín de mis sueños,

cae sobre el suelo

sin que nadie lo note

¿a quién le importa?

Llueve,

cae en mi cuerpo como un juego de cristales

entre noches y madrugadas

donde nadie se da cuenta,

mi lluvia llega a su fin,

no hay suspiros,

mi lluvia no amanece

en tu corazón,

ayer mi lluvia termina en el horizonte

sin que nadie le importe

cae sobre el polvo

sin mojar a nadie…

Por ti mujer

Sueño en dormir en tus ojos,

imaginarme que tus estrellas besen mis labios

y que abracen mis mejillas.

Olvidaré ese pasado de tus historias

porque eres mi mujer amada

en mis sueños.

Me inspiras a escribirte versos

que te arrullan tus caricias

en el inmenso mar de mi corazón.

Por ti mujer

mis deseos se rinden ante ti

y se recrean en juego de mil besos

sobre tu piel.

Me enloqueces mi imaginación

por estar a tu lado cada noche…

Corazón erguido

Voy a llegar a ti
para enamorarme de tus océanos llenos de coral
y con mi mar enfurecido acariciar las nubes de tu piel
surcando tus oasis ardientes.
Buscaré tu corazón erguido
que me necesita en tus noches
porque mueres por mis caricias
y me deseas a tu lado.
Quiero sentirte
porque me haces falta
te pienso en cada segundo
y a tu lado voy a ser el amante más ardiente.
Estoy enamorado de ti
mis poros están embrujados por tus besos
me llevas a tus llanuras desnudas
para hacerte el amor erótico sin prejuicios.
Solo pienso el momento
en que no te deje de amar
y no tenga cerca tu respiración
en mi rostro
y vivir una nueva realidad candente.
Pero mientras siga ese sueño
seguiré buscándote en ese lugar mágico

donde las nubes parecen mi corazón embrujado
flotando en tu constelación.

Deseo escalar tus montañas
que parecen de algodón
con inmensos continentes dentro de mis ojos.
El amor por ti no ha terminado
mi pasión hierve por dentro en tu piel
porque estamos enamorados en un sueño irreal,
deseo llegar a tu interior
y expresarte lo que siento
y hacer que nunca en tu vida
olvides mis besos…

Mis poemas tristes

¿Dime cómo besar tu alma de nuevo?
¿Cómo besar tus versos perdidos?
Hoy mis poemas están tristes,
mis letras están abandonadas,
mi cuerpo está sin alma
de solo pensar en tu ausencia.
Somos tan frágiles
que no sabemos dominar el destino.
¿Cómo decirte que me duele?
tu partida.
¿Cómo decirte que te voy a extrañar?
Que te llevo en mi corazón
que no habrá tarde para no recordarte
y abrazarte…
Mis lunas se encuentran tristes
no habrá más huellas tuyas en ellas,
no sé por qué de tu partida
me has dejado un hueco en mi corazón
solo de pensar que no me despedí de ti,
¿Cómo irme contigo?
Para escribir mi último poema juntos,
llorar y reír en la misma sintonía
de nuestros recuerdos
de nuestras locuras,
¿Cómo y cuándo decidiste irte de mi lado?
No es justo este momento

de soledad
y tristeza,
me haces falta tu cariño
tus abrazos,
tu sonrisa
tu valentía,
tus enojos.
¿Cómo cantarte una canción de cariño?
Sin restricciones y sin melancolía
Dime ¿Cómo?
Vuelvo a soñar contigo
a vestir tus sentimientos de oro,
a pensar en nuestro encuentro otra vez en ese jardín.
Dime a dónde voy para olvidar la desesperación
de no poder verte jamás
y dejar en silencio mis poemas…

Tus aromas en mi piel

Aquel día de tu primer beso en mi boca
mis labios se convirtieron en tus amantes
abrazándote con la pasión de mi primavera
y el sabor de mis labios
envueltos en sudor con aroma de feromonas
personificando un amor lleno de estrellas en mi universo,
en ese día tu rocío de mujer madura alargaba mis deseos
en mi rostro
y te sentí tu sed erótica
dentro de ti,
en ese día ardió mi amor callado y deprimido
en tu pecho
dejando atrás un infinito dolor de un desamor perverso.
Hoy, deseo tus besos vestidos con gestos ardientes
hacia mis auroras en mis ojos
llenos de fantasías sobre mi alcoba
suplicando tus aromas en mi piel,
en mi corazón,
en mis sueños,
en mis tormentas afrodisíacas
ordenadas en mi templo
para confesar tu cuerpo con mi escapulario.
Ahora soy tu crespúsculo rojo
en tu prosa intacta

que necesita mi pluma y tinta
para hundirme en tu fresca locura de miel ardiente
ahogado en un sueño por robar tu corazón
y que vivas conmigo para siempre…

Nudo erótico

Somos dos amantes en nudo erótico,
estas sobre un complejo amarre de sensualidad en mi cuerpo.
Me atormenta tu piel en mi pecho,
me incita a besar tu alma
hasta que me falte ética sexual en tu alcoba,
somos dos almas gemelas que se queman en el purgatorio.
Quiero transformar tu cuerpo inmaculado
en un texto de erotismo
el uno al otro con pasión
en cada letra,
en cada estrofa,
quiero ser tu polaridad de excitación
y morir por tu amor por la eternidad
seduciendo cada poro de tu piel
y dejando tus orgamO sin sed.
Me dejas sin alieno en cada beso tuyo,
eres demasiado cuerpo para mis labios
se mueren al sentirte
y coger tus instintos salvajes.
Quiero entrar a tu bosque
y penetrar en esa vereda obscura
para perderme cada noche,
te deseo conocer más tu prosa
y dejar sin alma tus líneas…

Mi prisión

Tu ausencia es ahora mi prisión,
descalzo, deprimido y casi muerto
en cada atardecer sin poder verte y besarte,
estoy perdido por tus besos ausentes
y muy lejos mi alma
con agujas incrustadas en mi corazón
rezando por volverte a verte,
me hace daño no verte
en mi cuerpo agrietado de dolores
en mi cielo vacío
sin tu respiración en mi pecho,
mi rostro ilumina mi tristeza
que vaga en el bosque
formando mi estela de muerte
por falta de tu amor,
la ausencia me lleva a callar a tu voz
a tus besos,
y mi corazón que palpita sin destino
sobre una cortina de fuego demente,
tu amor encantado de falsas soledades
con un haz de miradas perdidas
con lamentos,
con lágrimas,
y con una nostalgia amargada,
todos estos momentos hacen un amor desgarrado
llamados ciegos
de un amor a cuenta gotas

que no sabes poca cosa
y un amante que va a morir
y se irá a su isla moribunda
en actos de soledad
y de cobardía,
deseo alcanzar nuevamente mi tranquilidad
en esa bella pradera de olvido
y poder morir en paz…

Mi boca muere

Tu piel de mujer ardiente
no puedo besarla por completo con mis labios
¿No sé por qué?
Si mi boca muere por tu piel
navega en mi firmamento hacia tus estrellas
quieren sentir el sabor de tu miel
en mi boca,
saboreándote hasta el azul de tus ojos
junto con tus montañas rosadas
espiando el fondo de tu mar
en todas las noches ardientes en mi alcoba.
Tu piel de canela llena de flores con feromonas
que me provocan un éxtasis perverso
entre lunares y volcanes dentro de tu paraíso.
Solo quiero rozar esa carne ardiente
tomarla con mis mariposas alborotadas
por el néctar de tu nido
y con ganas de comer esa flor de mil colores.
¿Por qué te deseo?
no hay segundas intenciones
tú tan hermosa mujer en mi pensamiento
en todos mis atardeceres
con un fervor de verte y tocar tu isla
y con ansias de robarte tus besos al desnudo con mi corazón,
dejando mis huellas sobre tus pechos enrollándome en tu vientre
dejando tus besos en mis sentidos
para poseer esa llanura llena de deseos
con mis miradas eróticas sin límites…

Latidos de tu corazón

Mi alma vuela entre péndulos de un desamor,
ahora llora con un maldito y ausente fuego,
no sé si ya murió,
me encuentro sin alma,
no sabe si en algún día existió tu amor
ni tú lo sabes…
Mi corazón que se apaga a tu calor distante
entre olvidados sentimientos en mi corazón…

Mi cuerpo que navega sin razón
le hace falta los latidos de tu corazón,
hay un lugar frío y obscuro
donde me encuentra ahora mismo
porque está tan vacío y tan callado
que me estoy muriendo…

Mi corazón está triste
por mojar tus sueños que armonizan mi piel,
jugando al amor
está tu mirada y tu sonrisa sin razón,
tus labios tersos se pierden en el horizonte
sin alma y sin pasión.
Mi boca que tiene miel ardiente va de prisa al olvido
por tu ausencia
sin esperar nada de ti.

En mi atmósfera no se encuentra la llave
para poder sentir tus caricias
sobre ese mar que calcina
mi cuerpo,
y mis blancas manos no abren tus susurros

se esfuman entre el viento y el mar,
estás enamorada de otro hombre y nadie lo sabe,
dale tu corazón para poder amarle
y olvidarte de mi amor…

Tu rostro

Solo tu rostro quiero tener
y mis labios para compartirlos solo para ti
viajar entre tus ojos para enamorarme más de ti.
Hay muchos sueños por explorar a tu lado
que quiero explorarlos contigo.
Cada lágrima y sentimiento me hace olvidar tu ausencia
suelen llegar sin avisar a mi pecho
en cada parte de mi piel
y me hace estallar
tus caricias cada noche entre mis sábanas.
Cada encuentro me encantas con tu luna eclipsada
es un momento infinito de placer
que no quiero perder
y me confunde mi realidad.
Tu cuerpo me llama a tu universo
al estallar tus estrellas en mi interior,
mis escalofríos se mudan a tu alcoba
para nunca morir en tus sueños.
Me perderé en tu rostro
sin prejuicios de ser un amante enamorado,
¡Te amo sin duda alguna!
en mi corazón.
Me encanta tu manera de ser
cautivas mi corazón
y no sé qué hacer sin ti
para no dejarte soltar en cada noche de pasión.
Soy sincero contigo
me haces falta cada momento de mi existir,
seguiré enamorado de tus besos
sin pensar de los demás perdidos.
Te amaré para siempre

en cada suspiro que tendré en tu rostro
hasta dejar huella en tu alma
y no moriré en tu ausencia…

Hay amores perdidos

Hay amores que destruyen por sí solos

al primer instante que se acarician

con una sentencia de amargura y condenatoria,

hay amores perdidos que se dan con la mirada

y que no tienen memoria

porque no se merecen recordar

por todo el daño que se encondió

entre mentiras e infidelidades.

Hay amores silenciosos y perversos

que no tienen remedios,

hay amores de enemigos en la alcoba que no son sinceros,

hay amores que se dan solo por remordimientos,

hay amores por prohibidos que no debieron haberse dado nunca.

Amores que se calcinan y que hieren,

hay amores que pierden el piso

entre besos sin deseos,

hay amores con misterios que han dejado

huellas abiertas

pero al final se descubre todas sus mentiras

de mil sueños estupido$ y pervertidos.

Hay amores problemáticos que encierran odio

que nadie ha descifrado,

hay amores que provocan la tragedia

en la alcoba

que cuantas mentiras se han despejado.

Hay amores inertes que no merecen otra oportunidad

castigados y tibios

que navegan en sueños eróticos con ausencias,

hay amores que en los labios no dejan huellas

como las lunas de mi universo.

Hay amores que perecen con el tiempo

por mentirosos, podridos y por falsas expectativas…

Tus recuerdos

No es fácil olvidarte,
te extraño todavía…
Pero mi corazón tarde que temprano te olvidará
Hay ausencias que se tienen que separar
y dejar en el olvido esos recuerdos,
me engañaste en absoluto
con tus sentimientos
tan banales y perversos,
no fuiste fuerte para decir la verdad
sembraste castillos de algodón en mi corazón
que dejaron huellas muy tristes
y provocaron dolor y lágrimas,
pase lo que pase,
nuestras vidas alcanzarán el destino
volviéndonos a buscar en ese sueño
debajo de ese arcoíris de mil colores
abrazando su magia
su presente y pasado,
nunca me pregunté
qué había pasado en nuestros besos
cómo son ahora sin tus labios
a quién le importa…
los hechos me calcinaron
simplemente mi alma murió
en silencio
nos escondimos en la obscuridad de la luna
de nuestras noches
como dos amantes heridos
lamentablemente arrastrados por el viento de otoño
en un viaje sin retorno,
ambos supimos el destino de las caricias

y los encuentros eróticos
en nuestro lugar enamorado,
por desgracia es así
debemos de estar tristes,
hay que nacen para estar juntos
y otros para estar separados
en un mundo de fantasía…

Besos soñolientos

Tu cuerpo es un sueño en mis brazos,
tus orgamo son un placer en mi iglesia,
tu piel es un castigo en mi boca,
son en mi cuerpo un placer
son como pétalos de rosas de mi arcoíris.
Me enloquece tus cabellos en mi pecho
con la mirada profunda en tu boca,
tu voz ardiente entre mis mejillas,
una linda capa roja en mis poros
que enrojecen mis sueños
por tenerte en mi alcoba
cada noche.
Tienes tus caricias color de niebla
que me envuelven con pasión
todas las mañanas dormidas
con dulces besos soñolientos
preñados de mi amor.
Escucho tu cascada en cada gota de tu miel
que cae en mis dedos
al hacerte el amor erótico,
Si has de amarme por siempre
déjame ser tu amante
para construir ese puente entre tus caricias
y hacer magia con mis besos
para empezar un hábito en tu cuerpo
y dejar mi aroma en tu sonrisa.
Ahora quiero que no me olvides,
ahora te espero
en mi burbuja de $ex0
con fantasías en mi jardín
para que acaricies la estatua del rocío...

Eres tan superficial

Eres tan fría que tus besos ya no me enamoran,

porque estás tan lejana de la realidad

que tus pensamientos están prohibidos

y tus caricias son opacas e insípidas en mi piel.

Eres tan fría que no puedes enloquecer mis poros

cada noche de mi placer.

Entre tus cascadas de caricias hay soledad y tristeza

y eres tan sofisticada

que mis lunas ya no producen eclipses en tus otoños

y producen dolor y agonía.

Eres tan superficial

que sigues con amantes transparentes.

Eres así sin dejar huellas en mis manos

y en mi corazón enamorado…

Despedida

Despedida…
la lluvia de verano cantó
su último silencio,
fue una mensajera triste
con lágrimas en sus nubes cenicientas.
Cuando tu silencio gritaba
no más mentiras
que solo querías que se terminara
y vivir sin recuerdos,
tus caricias inertes
sintieron que el amor
como yo,
estaba roto.
Y que mi voz
no sentiría nada en mi alma
porque esas golondrinas
jamás harían verano
en tu piel,
en tus besos.
Ya no somos nadie el uno al otro
se acabó ese sueño prohibido
ahora somos seres que se huyen
somos dos almas de mundos diferentes.
Ya no piensas en mi
ni yo en ti
mi amor no te sigue
no te importa mi nombre ni mis besos.
Mis versos fueron un capricho
sólo fueron mentiras en tus palabras necias
siempre una canción equivocada…

Los amantes

Los amantes…
Los que amaron sin ser perseguidos
sin prejuicios,
sin límites.
Aquellos que quedaron ciegos por el amor
de los brazos de otros,
sin sentido,
sin melancolía,
sin memoria,
sin reclamos.
Porque sus caricias fueron atrevidas
en sus camas,
en sus besos,
en su piel,
como tempestades,
ciegos de amor.
ciegos como el mar de sus corazones
después de cada sentimiento
como espadas en sus espaldas,
en sus cicatrices
que siempre están desnudas en el cielo.
No hay rencor,
hubo pensamientos eróticos
posesiones y tempestades
y aquellos amantes que creen en el amor
es de valientes
ese amor es el hambre de lujuria…
Esos amantes que partieron todo por ellos
un vino amargo y delicioso
de horas a escondidas y de ardientes notas
se merecen ser felices en sus sueños…

Un océano herido

Te saliste con la tuya…
Lo que alguna vez fue tuyo
ahora ya no lo es…
nunca lo fue,
ni las caricias,
ni el corazón,
ni la piel,
solo fueron tus mentiras.
Una cenicienta engañada
por sus prejuicios
de un barco naufragado
de piel inmadura
quemada por sus historias
de tierra árida
de hierba clandestina
como testigo prisionero
en un océano herido
de aguas tristes
entonces…
¿No podrías irte con más de prisa?
Amor calcinado
por la soberbia
la arrogancia
entre las venas de un destino obscuro
perdido en el tiempo
destinado al fracaso y solitario
que fue tan leve
que los suspiros dejaron poemas
de un sabor agridulce en el recuerdo.
quiso aprender a besar de mil maneras
como ecos de las voces en la alcoba para dejar huellas…

Palabras de amor

Olvida mi nombre,
no muerdas más tus labios
ya no soy para nadie
recupera tus deseos fallidos;
busca tu nuevo amor
escríbelo con nuevas sílabas
abrázalo hasta que alcance tu corazón
construye un nuevo puente
lanza nuevas palabras de amor a tus oídos
y ahora llámame como un nombre equivocado
regresa a tu camino
entiérrame en tu corazón para siempre
no me dejes respirar
nunca más…
en tus poros
sobre tu pecho
en los pliegues de tu rostro
dormido en mi alcoba.
No gastes más saliva
ni mi nombre en tus labios
somos tan diferentes y prohibidos
que tu voz es casi infinita
en mi corazón se desvanece
pero llámame besándome con tus palabras en mi olvido…

Besos ardientes

No vuelven tus besos ardientes
como caminantes de palabras
escondidos en el bosque
donde todo se aleja a mis ojos
junto con tus huellas se pierden en el polvo de verano
entre lodo y tierra,
todo beso ardiente es frágil
y no se repite en cada de mis poemas,
noches de silencio en mi alcoba
ladran por tu cuerpo
en un obscuro espejo donde se escribe tu nombre
ahora es un castigo a mi soledad
tan cercano que se maldice la caricia
los besos escondidos,
los abrazos tristes,
el color de la piel,
solo existe despedidas
con arreglos de flores de mis mañanas.
Mis letras mueren en cada suspiro
se pierden en cada prosa
llevando un abrigo de castigo
y soledad,
nada se pierde por tu olvido
ni el amor como un arcoíris sin colores,
no vuelve ese amante caminante
sus huellas son borradas
cada día sin tu mirada
de ese ángel caído
ese amor temblante y débil que espera un beso todavía…

Extraño tus besos

Cómo explicarte que te extraño
con ese vestido llamado amor
que me envuelve cada día más en mi ser…
esos besos que me llevan a tu paraíso
prohibido para todos,
cómo decirte mis soledades
por no verte
por no sentir tus besos
tu cuerpo,
tus ojos,
tu piel
encerrados en nuestra burbuja.
Cómo explicarte el misterio que tengo por ti
sí me has levantado
de ese viejo baúl olvidado
entre letras y prosa
me ilusionado de nuevo con un amor sincero,
cómo decirte que estoy triste
por tu ausencia
que nuestro verano no ha terminado
que falta escribir canciones de amor.
Cómo expresar que estás en mi corazón todo el tiempo
como el último día que te abrace
en ese nido de golondrinas
con ilusiones ardientes,
cómo explicarte que apenas puedo con la tristeza
y no soy capaz de hablar, ahora estoy muerto…
he perdido un amor entero
he de huir pisando mi arena en el viento
solo y solitario…

La lluvia de tus besos

Tu cuerpo y mi piel se limitan en mis noches,
como la espiga y el viento
en un grano del amor,
en mis lágrimas,
en mi rostro por tu ausencia.
Tu sombra y la mía se encuentran
en el mar y la arena
revolcándose lleno de amor
con los besos y el río empapado de sudor
y con la noche
embravecido de estrellas.
Tu voz con la mía se entrelaza
entre caricias
con la lluvia de tus besos
y a veces con mi constelación ardiente
buscando alguna estrella
fugaz en todo tu universo.
Te amor mujer imposible me duele la situación
de tu sombra sin amor y pienso con melancolía
ese día finito de la despida
de nuestros cuerpos
de los días y noches sin ti
dispersas que jamás se juntaran de nuevo
por los caminos prohibidos
de alguna ciudad perdida.
¿Quién buscará primero?
los besos,
los abrazos ardientes
en nuestro lugar preferido
y dejarnos nuevamente amar sin descuidos
en un mundo lleno fantasía y deseos…

Enamórate de mi

Enamórate de mí hasta que tus labios
se ahoguen de amor,
hasta que mis besos
tengan latidos de un corazón enamorado.

Enamórate de mis ojos
con esa mirada que llene tus espacios vacíos
de tu rostro
y poder escribir mi nombre en tus mejillas.

Enamórate de mi boca
para que sientas en tus venas mi vino,
y te encierres en mis sentidos.

Enamórate de mis abrazos
hasta que tu piel se convierta en arena
de mi desierto de alegría.

Yo te amo

Yo te amo…
aunque estés lejos y ausente,
extraño tus besos
tu voz,
tus recuerdos de cada mañana
que se encuentran tristes
por mi mirada
por tu piel que suspiran mis labios.
Yo te amo…
entre mis caricias vigilando tu cuerpo
entre tus ríos ardientes
en tu bosque
en mis poemas enamorados.
Así yo te amo…
con colores de arcoíris en mis ojos
donde existen mariposas en mi pecho
en las fronteras de mis pupilas
en los lados obscuros de tus gemido$.
Yo te amo…
Con la suave miel de tus poros
en mis sábanas
provocando erupciones en mi tierra
y dejando mis besos en esos labios carnosos.
Así te extraño…
cada día sin verte
en donde ese lugar se olvida y se cierra
donde tu fruta sabe a mi atmósfera.
Yo te amo…
aunque seas prohibida

mi fuego prende esas montañas con nieve
hasta derretirla con pasión en mis labios…

Mis recuerdos

Aun vives en mis recuerdos
en un corazón que está triste,
aun extraño tus besos
en mi pecho,
tus mordidas caprichosas,
aun habitas en mi universo
en mis lágrimas,
en mi interior.
Me haces falta cada mañana
en mis sueños
en mi alcoba,
no sé qué paso en eso días tormentosos,
no cualquier camino es fácil
pero dónde y con quién estés
volveré a pensar en ti,
porque hubo una química
cuando te bese,
desde que tome tu cuerpo
porque tu corazón es de metal
y yo soy ese imán para él,
pero si acaso el verme de nuevo
no quieras sentir ese amor verdadero
no te pongas triste
soy una estrella fugaz
que viaja en el tiempo sin destino,
ahora,
date una vuelta por tus sentimientos
y me encontrarás buscándote de nuevo…

Un beso tuyo

Solo un beso lo que deseo tuyo
esta noche,
tu nombre es mi perfume sobre mi pecho,
una canción de amor en mis oídos,
solo eso quiero tener tuyo…
Un beso en mis labios
dentro de una botella de sueños
por estar contigo para siempre
que me lleves a tus planicies
y caricias ardientes…
Ese es mi sueño a la distancia
de norte a sur
en mi alcoba
en un ramo de sábanas candentes
en un sueño erótico
de tu piel con la mía
navegando por tu océano de miel
y besar esas vocales poco a poco
para generar una erupción de versos
de medianoche.
Solo un suspiro que finalmente
llegue entre mis poros
junto con mis deseos de estar juntos para siempre
en un mar de amor
y junto con las olas de tu cuerpo
se esfumen mis pensamientos más enamorados por ti…
Enamorarme de tus encantos
como lobo sediento de tus ilusiones y tus besos,
un suspiro que me llene de fuego
desde mis pies hasta tus mejillas
hasta la eternidad de mi amor por ti…

En tu pecho

En tu pecho me reclino
para ser tu amante con infinitos besos.
En tus muslos ardientes me escondo
para ser tu esclavo de tus pecados
y en tu triángulo me refugio
para ser el fuego de tu interior.
Seré el roble para tus caricias maduras
el vino en tu boca
el trigo dorado en tus pechos
las huellas de amor en tu cuerpo
y la tormenta de tus caricias.
Seré el fuego en tu cuerpo
en tu espalda desnuda
volviéndome loco de amor
en tus poros
un territorio desconocido erótico
para tenerlo siempre en mi rostro.
Quedarme en tus montañas
llenos de ternura
pregonando locuras
y pasiones.
Ser la cárcel de tus pechos y tu carcelero prohibido
con las rejas en tu piel
en tu colmena con voces ardientes
en los temblores de tus dos arrecifes
que me llevan a mis sentidos
a pecar cada noche
bajo la noche de sex0 candente
sin fatiga junto a tu vientre rubio
y contemplar tu venida apasionada…

Deseos perversos

Déjame besar tu cuerpo no erosionado,
a tu piel virgen
que provoca erupciones en mis lunas
eclipsando mis pupilas
con aromas a tus gemidos
de fémina intacta,
déjame besar esos océanos tan blancos
como el algodón en mi piel
y deja que mis tentáculos ardientes
rodeen tus mejillas
en una danza de cristales de amor
y saborear tu figura erógena,
déjame palpar tus prominentes montañas
con esos glaciales enormes
y succionar tu miel con mi boca
esclavizando tu geometría de diosa
en mis noches,
déjame fecundar tu campo con deseos perversos
y así dejar a un lado tu pudor,
quiero oler tu cuerpo jadeante
en busca de mi antorcha bendita
sobre tu isla de besos calientes,
déjame quemar tus hogueras en mis ciegas noches
con todos mis escalofríos que provocas en mi…

Ángel del mal

¿Quién te dijo que estarías en mi vida?
Aun no lo puedo creer…
Por qué me dejaste flotando en el viento y en el mar
no lo sé…
Ahora déjame estar en mi soledad
para poder ser más feliz
con mi mente vacía.
Por ahora tengo un aire frio en mi piel
en mi cuerpo
por tu ausencia y desprecio
sembrando odio y miedo
en cada uno de mis pensamientos
es el principio de mi fin.
Mi corazón se invade de terror
al pensar en ti
y sombras inertes están en mis sentimientos,
¿Quién te dijo que eras para mí?
bien oculta estas en mi disfraz
y no lo puedo disfrazar,
al principio conocí el amor
pero contigo conocí la maldad
haces siempre lo quieres conmigo
te maldigo por siempre…
Dime cuál es tu gran secreto
Que haces mal en todo mi cuerpo
y no hay discusión,

Dime cuál es tu secreto
eres un ser enfermizo
tus caricias me hechizaron
con enormes mentiras
al pasar de piel en piel
con tus amantes,
No se pudo confiar en tus versos
letras con candados mudos
lastimando mis labios
junto con tus sollozos
tan perversos
que mi alma quedo sin suspiros.
Eres un ángel del mal
con lágrimas de tu espejo maligno,
no sabes distinguir sobre amor y desprecio
no pararás hasta terminar con mis deseos
y el tiempo no se detiene en tus desprecios
es como una cascada de dolor en mis ojos,
juegas con los dados de mi corazón
como si fueras eterna
no es posible que me encuentre en este estado
a causa de tu olvido
no dejaré huellas en mi nido
ni tan poco en mi amor consagrado,
muero como una golondrina pasajera en tu pecho
dibujando mis palabras en un invierno desnudo
buscando el dulce nido de tu sexO...

Un poema más a mi corazón

Un poema más a mi corazón castigado
sin razón alguna para mi alma
vacía y olvidada
maltratada y con opresión.

Palabras tristes, sentimientos hechizados,
letras eternas que parecen nunca acabar,
con gritos desesperados
y lágrimas que parecen siempre estar.

Solo quiero pedir un poema más a mi corazón,
pero no quiero estar solo por última vez

es ese castillo de dolor
sin piedad de tu amor sin pasión.

No poseo tus besos,
no poseo tu sonrisa,
me abruma tu ausencia,
y eso me hace un poeta triste.

Me muero en mis pensamientos,
poco vivo de mi realidad,
siempre deseo vivirla con felicidad,
pero no existe en mi corazón.

Un poema en blanco y negro,
sin color que me abandono hace mucho,
no le veo el sentido a disfrutar
sé que todo algún día para mí ha de acabar.

Un poema más para este triste corazón,

para que recorra mi final,

entre tus mejillas

y mis labios tristes y olvidados…

Mi verso

Extravié mi vida,
fue en algún rincón de este maldito mundo,
en un universo podrido,
entre versos de un sentir profundo.

En esos versos mortales
que me han matado,
en una triste poesía
mi corazón se quedó ahí.

Perdí el amor, mis sentimientos, todo…
será, que el alma yo perdí,
escapó, se perdió en intentos de un amor verdadero
de llegar y de acercarse a ti.

En un laberinto infinito se murió,
la ocasión, la ilusión se fue,
y también un amor verdadero,
poco a poco se fue con mi soledad.

Una ocasión extravié mi verso,
fue en algún rincón de este maldito mundo,
muerto sin alma,
un sentir profundo dentro de mi…

Soledad

Soledad ¿Qué has hecho?
¿Por qué no me dejas escapar?
¡Tienes que perdonarme!
mi vida se me está escapando,
a mi lado ya no debes de estar.

Soledad ¿Dónde me has llevado?
ahora ya no sé qué camino tomar
confuso me he quedado,
porque tú a mi lado ya no estás.

Soledad maldita no vuelvas a mí
mi vida sin ti, sólo veo el final,
soledad ya no vuelvas a mí,
porque estoy a punto de morir.

Soledad ¿Por qué me marcaste?
no logro entender porque me castigaste,
yo tenía un gran corazón,
tu apareciste y hundiste mi alma.

Ahora aquí me tienes
¿Qué va ser de mí?
si todo lo que quería
te lo llevaste.

¡No vuelvas a mí!
¡No debes estar aquí!
¡Este no es tu corazón!
por favor, ya no quiero sufrir

Desde que me escogiste
no puedo ver el final de mis días,
paso los días llorando
y las noches sin dormir.

Soledad, por favor,
regresa a tu existir
déjeme solo, por favor,
que ya me siento morir.

Mi vida
y todo mi existir
depende de ti
y poco a poco
llevándote mi vivir.

Por favor, vete de mí
para poder vivir
sin dolor y tener el valor
de olvidar esta melancolía que mata mi alegría

Vete de mí
devuélveme mi ilusión
olvida ya mi sentir
¡Vete! Ya no puedo con este dolor.

Día a día
se me hace más grande este dolor
que mata mi alma sin piedad
y por lo que veo es tu destino para mí.

¡Mátame ya!
no más este sufrir,
ya no quiero vivir,
ni corazón ni alma tengo,
tú eres la culpable
de que esto sea irremediable…

Cielo obscuro

Te esperaré en ese lugar
donde tu mundo es muy triste,
donde mis lágrimas dejen de caer en tus mejillas
y tus alas serán mi historia pasada.

Te esperaré con ojos obscuros
entonces dormiré para siempre,
donde las sombras no brillaran
por tu ausencia.

Te amararé hasta que no pueda más con mi alma
entre sueños con máscaras perdidas,
donde el destino no se detendrá
a tus deseos mudos.
Cielo obscuro
alma sin destino, llora mi alma
herido y triste con noches opacas.
Hoy tu sombra es la nada en mi corazón
cubre mi rostro y mi helado cuerpo,
muero como un triste cuento
con dolor sin pensamiento.
Tras el recuerdo de tus labios
moriré en soledad,
pero siempre habrá algo que queda
y también algo que se va...

Tu ausencia

Tu ausencia...
Se apoderó de mi alma,
dejaste tus huellas en mi corazón
dentro de mi vida solitaria...
Ahora escribo palabras con tristeza,
lágrimas con sueños emprenden de mis ojos para siempre.

Tu ausencia...
mató mi alegría,
apagó mi ilusión,
apagó mi sonrisa,
en su lugar has dejado
amargura y dolor.

Tu ausencia…
me dio melancolía y recuerdos tristes,
y en la soledad de mi corazón

creaste un vacío profundo.
Nunca más te olvidaré

porque tu ausencia será mi presencia…

Tu amor

Aún tengo entre mis manos el calor de tu cuerpo,

el sabor de tus labios
entre mis mejillas aún tengo tu olor.
En mis ojos guardo tu amor
deseo que este conmigo,

y ojalá este yo también.

No olvido el sabor que sentí de tu boca
que hace que mi corazón tiemble y provoca
en mi cuerpo sueños de tu piel
de olor a rosa en donde solo se respira tu amor.

Me has hecho enamorar
como el fuerte roble en invierno,
mi alma siente tu calor
donde mi primavera la enciendes con pasión.

Me has hecho enamorar
con tu esencia de mujer,
has hecho temblar mis manos
cuando tu cuerpo comienza a recorrer mi piel.

Me has dado más que un hermoso beso,
me has dado más que un rico placer,
me has hecho que vibre mi pasión,
me has hecho enloquecer…

Un fuego frio

En el frío de tu corazón
existe un incendio sobre tu cielo.
Todo en fuego ardiente, todo un fuego frío,
Tu alma desencantada quedará
protegida por deseos astrales
y perdidos por un amor con dolor.
Yo ausente de noche seguiré
Soñando con ese invierno de tus estrellas,
voy a saborear la miel de vía láctea
que me mata cada noche
con sus arcoíris de mil colores azules
y sus labios de verano.
Pero hay también lo imposible de tu posible amor,
imposible llegar a tu corazón
de pie hasta la punta de tu rostro
con vientos, besos y caricias.
No hay tiempo para decir adiós,
el otoño se vendrá abajo
y la noche celeste caerá
sobre mi pecho.
Imposible morir por ti
y saber de todos lugares para enamorarte,

en algún momento entre tu piel y la mía,
las sombras esperan,
cuerpos se sueltan,
nadie te olvida.
Y ahora mismo
Se incendia en el cielo
Todo en fuego ardiente, todo un fuego frío.
Acaricio lo hermoso de tu cuarzo.
oscurezco cada hechizo de tu cuerpo
para dejarme caer en tus besos
y no morir al fondo de tus estrellas…

Mi último suspiro

Mi último suspiro
disimula mis heridas,
y me enseña a llorar a escondidas
en un mundo que yo quiero.

Quiero ser libre sin razón
como las olas de tu mar dentro mi corazón,
sentir tu aire entre mis labios
para poder vivir sin caprichos.

Siento morir sin piedad,
mi ansiedad me mata,
vivir sin pasión
cuando tu alma arde dentro de mi corazón.

Quiero sentir tu pasión,
que arda entre mis manos,
dejando tu fuego en mi pecho
sin volver a pensar en el pasado.

Hoy mojé mis labios tu lluvia,
cabalgando mis susurros en silencio en tu pecho
solicitando oleajes fuertes en tu corazón
y el rumbo de nuestro destino.
Déjame conocer tu metáfora
sobre ese mar de poesía

que me vuelve loco
con tus versos inmersos de amor.
Busco la piedra de tus días
la noche tiene lobos y vientos
en tu escondite mítico
que provoca un viento paterno.
Solo quiero estar en tu lecho de blancas sábanas
viajar sobre tu piel
donde los cuervos rezan tu secreto erótico.
Escribirte versos compartidos con mi voz
con la lluvia de agua de tu rio,
hasta dejar sin respiración tu humedad
de tu cuerpo con el mío.
Tocar ese viento que se eleva en tus mejillas
hasta alcanzar el techo de tus besos,
y poseer el perfume de tus poros
en cada grieta de tu paisaje.
Hoy nace el deseo de una estrella
en tu universo,
que quiere tocar la tinta de mi poesía
tan enamorada de ti por siempre...

Una vez más…

Abrázame con pasión una vez más…
No me dejes a la deriva,
aprieta mi corazón enamorado.
Bésame una vez más
y apriétame hasta morir
que deseo sentir tus labios
y tus latidos en mi pecho.

Sueño con mucha ansiedad
estar a tu lado,
una vez más…
no me dejes solo en mis noches
que despiertas mi soledad…
Duerme en mis mejillas
sin reglas, ni condiciones,
sin mentiras y sin prejuicios
sólo siente amor en mi ser…

Dejemos fluir nuestros sentimientos
una vez más…
En nuestro destino marcado
juguemos a amarnos,
una vez más…
acaricia mis sueños
y siente mi amor por tu corazón.

Hagamos un paraíso para los dos
con nubes y mil besos
enlazados entre nuestros cuerpos
para enamorar al cielo,
una vez más…
no lo dejes para después
es el tiempo de amarnos con pasión.

Venir a mi cielo
para convertir su viento en mil colores
y dejarlo entre tus mejillas,
una vez más…
no pierdas mis besos
porque serán siempre para ti…

Mis letras

Cuántas veces te lloré,
cuántas veces estuviste en mis letras
despidiéndote para no volver
diciendo que ya no me querías

dejando tristes mis lágrimas
y diciendo que tenías a otro amor...

Cuántas veces me engañaste y te perdoné
porque tu amor estaba en mi corazón

fueron tiempos tristes,
haciéndome creer que me amabas
y que yo era lo único en tu mundo...

Cuántas veces me mentiste
fueron interminables tus mentiras
demasiadas las heridas que marcaste en mi cuerpo,
en un corazón muerto
por el insoportable dolor que provocaste
que poco a poco me ahogaste...

Cuántas veces te perdoné,
pero, así como te perdoné demasiado
el dolor de nuestro amor se hizo presente
y te hizo ver como el culpable...

Cuántas veces te creí,
fue imposible sentir nuestro amor
y te hicieras invisible para mi corazón...

Cuántas veces me puse triste por ti
ahora no me alegra saber de ti nuevamente
y ver que ahora eres tú quien me llora
todo cambia en el tiempo
y ese sufrimiento que llevas
será tu dolor para siempre...
Sácame de tu corazón

así como yo lo hice
para que recuerdes que hace un tiempo
estuve enamorado de ti…

Luna llena

Cada noche de luna llena,
espero paciente tu llegar a tu corazón,

sin tristeza y sin prejuicios
mi amante cómplice,
mi amante ardiente,

mi amante solitaria.

Sueño cada noche que he estado contigo,
recuerdo todas las noches que te he besado,
todos esos momentos con memoria,
nunca podré olvidarlos.

Bajo la luna llena estas en mi mente,
recordando tu belleza interior,
sintiendo tus caricias de tu piel,
arrullando mi corazón enamorado.

He de sentir tu música cada segundo,
pensando en cómo decirte que te amo,
sin importar el tiempo y la distancia,
la noche nos brindará todo su esplendor.

Si tú no estás aquí,

cada noche será un calvario,

un sufrimiento al no poder tocar tus labios,

quemando mis instintos en el fondo de mi mar.

Cada noche serás mía,

con tus besos en mi arcoíris,

dejando escalofríos en mi piel

y recordando tu corazón en mi rostro…

Un arcoíris sin colores

Así que pensaste que podías descifrar
mi infierno y mis tormentas,
el dolor de mis desgracias,

en un mar lleno de mentiras,

en un cielo lleno de obscuridad,

en el sueño con cada pensamiento errante.
¿Puedes distinguir mi soledad dentro de un tempano de dolor?
¿Mis fracasos en un hielo?
¿Crees que lo puedes distinguir?
¿No podrás cambiar mis fantasmas?
¿Las cenizas en mi alma?
¿Un viento fresco en mi rostro?

¿Serás capaz de cambiarlos?
¿Un frio tan terrible en mi cuerpo?
¿Gritando en una jaula de papel?
Cuánto deseo que puedas cambiarlo.
Cuánto deseo que sepas que no soy de acero.
Somos simplemente dos almas prohibidas,
castigados por un arcoíris sin colores
en cada lluvia.
Sigo pensando el destino que nos tocó.
¿Qué hemos encontrado?
los mismos temores prohibidos

¿Ojalá pudieras cambiarlos?
Deseo que estuvieras en mi tormento.

Un mundo pálido

Si ya te vas,

cierra la puerta de mi corazón,
ya no espero a nadie más en esta helada jaula,

sin remordimientos
escúchame sufrir por ti,
estoy triste por ti,

escucha mis lamentos,

la tormenta llega a mi corazón y me consume hasta los huesos.

Ya casi estoy muerto

y los jinetes están a mi lado,
no estoy muy seguro de mi vida,
soy un hombre sin destino,
soy un hombre sin camino

en un mundo pálido lleno de sufrimiento.

Cuando un hombre llora, es el final de su historia
tú sabes que no hay lugar para débiles.

Hubo amor en mi corazón alguna vez,

fue en un tiempo demasiado rápido.

Hubo un frío entre mis venas
no hubo una razón para las cosas que tenía que hacer.

Soy un hombre en solitario,

soy un hombre de fuego en mi habitación tan fría

y moribundo sin reino.

Cuando un hombre llora,
no sabes lo que se siente…

Soy tuyo

Tu hermosa desnudez de cuerpo
me inspira a soñar con las rosas de tu jardín,
tan inmaculado,
tan hermoso,
tan exquisito,
que me provoca demencia en mi mundo.
Sueño con besar tu boca de labios perfectos,
morder tu sonrisa,
acariciar tus mejillas con mis labios
y dejarte mi perfume en tu rostro.
Deseo sentir tu aliento en mi pecho,
sentir tu espalda con emoción
y saborear tu néctar de tu bosque.
Eres tú el alma de mi hechizo,
extraño tus caricias
en ese mágico delirio de esa pasión ardiente,
no dejo de pensar tus románticos misterios,
soy tuyo y tú mía.
Tienes a un poeta con su pluma de mil colores
que abrazas con tus labios
llevándola a tu mar con un perfecto sueño.
No olvides mis letras y mi prosa
que recorre tu piel donde cantan las luciérnagas
enamoradas de tu piel desnuda…

Tu destino

Detrás de tu camino caminarás,
a través de un mundo con espinas y dolor,
dentro de ti no podrás ocultar tu destino
y tú lo sabrás...

Entonces en cada paso
no eres más que un peldaño con deseos,
dónde no hay preguntas y no hay respuestas
donde nadie grita tu destino...

No le des la vuelta, sigue y enfrenta tu destino con colores,
no puedes ser como las personas que el mundo te obliga ser,

pero no dejes de soñar
estás solo para pensar en lugar llamado destino...

Luego tus ojos se cierran a la luz de sol
te cegarán tus sueños y prejuicios,

Entonces piensa;
¿Quién eres? ¿Qué haces en este mundo?

No les des la vuelta, enfrenta tus miedos,

deja que el viento limpie tus lágrimas

que invente un camino sin temores
en un lugar llamado destino...

Puedes agitarte y sonreír en cada paso,
solo necesitas liberarte de tu mal tiempo
para convertir tu luz sobre tu oscuridad
y necesitarás soñar de nuevo en tu mundo...

Luego sueñas en tu arcoíris de nuevo
y en tu mundo donde vives solo tu existes sin razón,
dentro de ti no puedes ocultarte
y nadie te extrañará...

No le des la vuelta, el futuro es incierto,
no puedes ser como todo el mundo en decadencia,
caminarás enfrente al sol y la luna.
Nunca me harás ser como tú,
seré un ser que nunca existió…

Tus volcanes

Me enamoro en tus brazos
y tu miel de tus besos me despiertan
hasta atarme a tus labios.
Me pierdo en tu cuerpo
para encontrar tu amor virgen.
Me pierdo en tu piel
para saciarme de tu miel.
Me pierdo en tu bosque
para encontrar el sabor de tu perfume.
Me pierdo entre tu espalda para embriagar mi mente.
Me pierdo en tus volcanes
para sentir tus huracanes.
Me pierdo entre tus ojos
para encontrar tus caricias.
Me pierdo en tus muslos
para enamorarme de tu erotismo.
Me pierdo en tus mejillas
para encontrar tu hermosa sonrisa.
Me pierdo entre tus sueños
para siempre quererte.
Me pierdo entre tus poros
para encontrar tus susurros.

Un suspiro

Un beso en el aire,
un suspiro,
algo que es triste,
sin hacer nada.
La noche se aleja,
un abrazo sin amor,
se siente a lo lejos,
un suspiro de amor,
es lo que está en mi corazón.
Triste estoy,
sin un amor,
sin un roce de tu rostro,
estoy solitario.
Amor,
un sueño que tiene cuarto letras,
tu luna sigue su camino,
y yo sigo en mi bosque encantado.

Que haré esta noche,

en un camino sin destino sin ti,

algo que en verdad no quiero saber.

He de vivir cada segundo

pensando como decirte que te quiero sin importar el tiempo

y que mis tormentas maten mi alma

al soñar estar a tu lado sin mentiras…

Te extraño

Nada has dejado a mi vida,
y no sé a dónde se fue mi alma,
tú me provocaste mil tormentas en mi piel
y todavía no sé lo que buscabas.

¿No me olvidaste, y no me escuchaste?
¿No me viste enamorado de ti?
¿Por qué peguntar a mi corazón de ese amor solitario?
¿Tú sabías que yo no tenía un amor?

Solo di una palabra para mí,
para sentir nuevamente los vientos en mi rostro.
¿Mi dignidad ha sido robada?
¿Está rompiéndose de nuevo mi corazón por ti?

Mis sueños se fueron a través de tus manos,
se esfumaron sin destino
y repentinamente aparecen en mis labios
sin hacer preguntas.
Te extraño cuando te recuerdo,
siento que me estoy hundiendo,
todo se va sin razón
hundiéndose sin ti.
Olvidaré ese tiempo no hay necesidad de sufrir,
siempre serás un amor especial…

Mujer de arena

Mujer de arena,

tú crees que tus ojos de color a desierto

han dejado un aliento con agua en mi corazón,

Tú crees que tus labios dejaron a un ser sin amor y sin destino.

Eres mi mujer de arena,

inmensa en mi corazón lleno de mil colores

con tormentas que embrutecen mi barco

y dejas huella en mi mar solitario.

Tú crees que mi boca besará tus historias,

esas que dejan sin aliento

al sentir tus sueños de mujer inmaculada.

Mujer de perfume, quiero recorrer tu cuerpo

embeber mi aliento en tu firmamento

y cristalizar mis letras en tu universo.

Extraño ese color de tu figura, codificar tus noches sobre mi piel

tras los abrazos de mis letras bajo mi lámpara de amor.

En estos días mujer de arena

nacen los hechizos en mi alma atrapados en tus besos

para enamorarme de tus encantos…

Amor triste

Amor triste,

me escondo en mi poesía,

mis lágrimas callan los versos,

se llenan de nostalgias sin deseos,

llueve una triste magia en mi corazón

con gotas de llenas de angustia

y nubes con ritmos sin contestar.

Una llamada sin descifrar

un insomnio sin callar

y un dolor lleno de silencios.

Escucho versos sin llorar

salen de mí a hacer un juego de mentiras

caen sin orden como la noche llena de espinas,

Estoy en tortura con esa sombra

llamada amor,

ha de pasar mi vida en cautiverio

al romperse en mil pedazos,

sin brillo en mis ojos

y ha de llegar mi muerte

insensible, callada en las sombras de mi pasado…

Fracaso

Lluvia tras lluvia,

un dolor intenso,
supongo que nuestro amor es ciego
no pude leer tu corazón

maltratado y solitario.
Dolor tras dolor
estaba escrito en tus ojos

en tu rostro,

en tus labios.
Supongo que nuestro cuerpo es inerte

al dolor y sufrimiento,
fracaso tras fracaso

de nuestro amor
que lo escucho suspirar desesperadamente
con sombras en la lluvia
pensando lo que podría haber sido nuestro encuentro.
Perseguido en mis recuerdos

besando tus mejillas,

tu piel

estoy solitario.
Desolación tras desolación

me quebraste día tras día,
sentí como el amor se desvanecía

en las noches
quería que tu amor se quedara
noche tras noche,
pero el dolor no nunca se fue
noche tras noche.
La luz de mi corazón fallece

solitario y enfermo,
tristezas en mi mirada
pensando lo que podía haber sido contigo
enfermo tras enfermo
me quebraste hasta morir…

Tu mundo solitario

Estoy en solitario y triste,

mis lágrimas son mi tumba

ya no existe escapatoria de mi infierno.

Tú también estás sola,

no tienes un camino a seguir,

tienes preguntas sin respuestas.
Es mejor estar solo
no habrá nadie a quien darle explicaciones

y nada que pueda dar más de mí.
Tristes versos que en tu mundo no comprenderían jamás.
¡Vete de nuevo!
Estoy derrotado y tú también lo estas en solitario,
tengo un corazón de piedra sin remordimientos
que no habrá remedio que cure mis heridas,
estoy hiriendo y tú sufriendo por tus mentiras.
Mi mundo…
castigado por tu mundo
Tu mundo…
atormentado por mi mundo.
Mi rostro tan frio como una tumba
sin emociones,

con castigos,
que destruyen mi alma,
con sacrificios.

Mi mundo no podría comprender mi derrota
¡Vete de nuevo!
Estoy derrotado,

sin ganas de vivir
en noches que arden cada día.
Malditos recuerdos que quiero regresar,
estoy perdido,

estaré herido en tu mundo cuando despierte.
Mundo sin destino
atormentado por tu mundo.
Mis noches con las sombras del dolor
que me rodean

y alimentan mis desgracias en mi corazón.

Mi aliento derrotado

por tu mundo,

con olor a despedida

y melancolía.
Abriré mis ojos

para ver los fantasmas en mi pecho,
con odio y desolación,

no quiero pensar más en ti
debo de seguir con mi dolor,
estoy derrotado

y tú también.

Mi mundo triste

por la pérdida de tu cuerpo,

tu mundo solitario

por la ausencia de mi rostro.

Tengo un corazón con un vacío eterno

que arderé en mi mundo en solitario,

en un mundo lleno de odio

donde el viento me llevará a tu mundo desbastado…

Átame

Ámame

para poder llegar a tu corazón con mis besos

y dejar mis sentimientos en tu piel

al besarte tan despacito

para que no me olvides…

Átame

a tu tiempo para que no se esfume

para que yo pueda abrazarte

y que no muera mi sol

en tus mejillas…

Cuéntame

tus historias de amor

para que yo pueda enamorarme más de ti

en los granos de mi desierto

dentro de una botella de amor…

Ámame

para que mi respiración no pare

que yo sienta tu sabor a mujer

al besarte tan despacito

para que nunca me olvides…

Átame

para nunca olvidarte

pero no me dejes suelto

que te puedo dejar de amar…

Tu rostro

¿A dónde irá mi gran corazón?

¿A dónde irá mi gran soñador?

ese ser que nunca olvidaré

que lo vi crecer,

llorar,

sonreír,

y ser feliz,

¿a dónde irá mi gran pensador?

por este mundo lleno de alegrías

y fracasos.

A la vuelta nos volveremos a encontrar

para reconocer tu sonrisa,

tu mirada inocente,

tu rostro siempre feliz.

Solo quiero que no sufras en tu vida

quiero que seas muy feliz,

que sepas que cada noche de extrañaré

en mi cielo lleno de estrellas

donde llevan tatuado tu nombre,

quiero que siempre seas mi amigo

que escuches mis consejos

y no me dejes solo en ese mar llamado destino.

Quiero que no tengas condenas

que te sientas libre,

con pensamientos hermosos

y que tengas un amor verdadero

de mi corazón para siempre…

Como te extraño…

Me haces falta en mis noches,

te necesito conmigo sobre mi cuerpo,

sobre mis sábanas,

entre mis mejillas,

dentro de mis labios,
como te extraño sobre mi piel
no puedo estar más sin ti,
me haces falta…
Como las estrellas en mi universo
mi mar y sus olas,
me haces faltan tus besos
a cada instante,
siento un vacío sin ti,
por siempre te deseo,
te amo sin prejuicios
me haces falta,
hay un hueco en mi alma
por ti he perdido mi rumbo.

Solo te pido que nunca me olvides,
me haces falta
en cada beso tuyo,
siento un abismo en mi cuerpo
por no tenerte a mi lado
por siempre.

¡Te amo!
por igual
me haces falta en mi alcoba,
hay vacío en mi alma
por ti he perdido mi soltura

sólo te pido que nunca me olvides
me hace falta tus caricias,
necesito de ti en mis sueños
como te extraño…
Mi amor te necesito aquí…

Pablo Ayala

Autor

01/10/22

México

Imagen de la red

En mis noches

Hay cero grados en mi corazón

porque te extraño todo el día,

ahora no tengo nada
que me haga amar de nuevo,

te has ido muy lejos

no lo sé si lo voy a superar,
ya no habrá más nadie que me abrace tan fuerte
y que me haga cambiar mi destino,

que me bese tan hermoso,
ya no tengo nada que ofrecerte,
ya no tengo nada más para creer en ti,
no tengo nada para volver amar sin sufrir,
si tú no estás…

solo quiero que estés cerca de mi rostro,

en mis noches,

en mis suspiros,

en mis escalofríos,

junto a mi alcoba,
ya no tengo a nadie para escribir mis versos,
que nadie recuerde mis letras,
a nadie con quien dormir con mi prosa,
ya no tengo a nadie con quien vivir mi duelo,
intentaré sobrevivir a mi destino,

sin ser castigado por mi silencio,
no tengo con quién compartir mi dolor,
desfallecido en mi alcoba
si tú no estás…

Si no estás cerca de mi alma

para que seguir con este sufrimiento,
si no me besas y me abrazas
mi corazón estará triste
si tú no estás…

Para qué escribir más poemas
a quién amar en silencio,
ya no habrá más palabras
en cada noche
con tristes lágrimas en mis mejillas
que caerán sobre mi piel
si tú no estás en mi corazón…

Pablo Ayala

Autor

D.R.

01/11/22

México

Imagen de la red

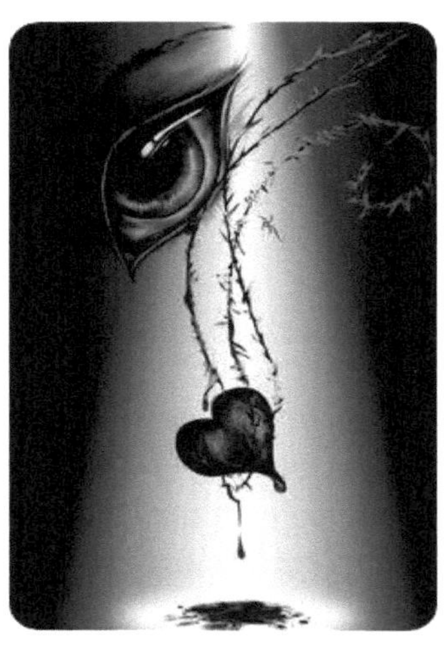

Mi cielo

Dime cómo se olvida tu amor,

no puedo vivir sin tus recuerdos,

sin tus besos,

sin tus caricias,

sin tu piel en mis labios.

Dime cómo te olvido
después de haberte amado tanto

de pasar todo el tiempo en tu arcoíris.

Nada se tiene que terminar
te entregué mi corazón sin querer sufrir

hasta mi último aliento,

con pasión te llevo en mi alma
hasta el último pensamiento tuyo me llevaré.
No puedo pasar las noches sin tu cuerpo
quiero encontrarme de nuevo con tu corazón

y sentir tus latidos de amor.
Dime cómo se olvida tu amor.

¿Cómo se olvidan tus besos?
sí estoy enamorado de tus labios
nadie puede explicarlo,
no es fácil olvidarte

ese amor que me enseño todo,
enamorado de tu rostro sin medida
conocí a tu lado la pasión.

Nadie va ocupar tu lugar
la magia de tu corazón

Sobre el mío,
Dime cómo te puedo olvidar

sí desnudaste mi alma

en el cielo de tu jardín,

estarás en mi cielo

y nunca te olvidaré…

Vencer
la depresión
Cansado,
Triste,
Enojado,
Enfadado,
Irritable, Sin
Esperanza?
ENRIQUE
ROJAS
CÓMO
SUPERAR
LA DEPRESIÓN
Manual para el tratamiento cognitivo-conductual de los trastornos psicológicos
GUÍAS DE AUTOAYUDA
Guía de Práctica Clínica sobre el Manejo de la Depresión en el Adulto
Atención Primaria de Calidad
Guía de Buena Práctica Clínica en Depresión y Ansiedad
DANIEL LÓPEZ ROSETTI
EQUILIBRIO
DEPRESIÓN
Y SUICIDIO
ACTIVACIÓN
CONDUCTUAL
para la depresión
Una guía clínica
Terapia cognitiva
de la depresión
AFRONTAR
LA DEPRESIÓN
PROTOCOLO DE INTERVENCIÓN PSICOLÓGICA
PARA NIÑOS CON DIAGNÓSTICO DE DEPRESIÓN
INFANTIL (DI)
SUICIDIO
El control de tu estado de ánimo
INTELIGENCIA EMOCIONAL
TERAPIA COGNITIVA
CONDUCTUAL

Una bomba de
conceptos psicológicos
analizados y explicados
de una forma sencilla y
práctica sobre la
soledad
EL PODER
DE ESTAR
SOLO
Motivación
acompañada de ideas
revolucionarias para
una vida mejor
BRIAN ALBA

CÓMO

ANALIZAR

A LAS

PERSONAS

Y

LENGUAJE

CORPORAL

Decodifica el comportamiento humano con psicología oscura, manipulación, persuasión, inteligencia emocional, PNL y secretos de control mental para leer a las personas como un libro.

VINCENT MCDANIEL

DEJA DE PENSAR DEMASIADO: 23 TÉCNICAS PARA ALIVIAR EL ESTRÉS, DETENER LAS ESPIRALES NEGATIVAS, DESPEJAR LA MENTE Y CONCENTRARSE EN EL PRESENTE
DEJA DE PENSAR DEMASIADO
NICK TRENTON

Printed by Books on Demand GmbH, Norderstedt / Germany